LEARN IGBO WITH PICTURES

Keywords and Phrases for Daily Life

MY FIRST IGBO & ENGLISH WORDS - A COLORFUL GUIDE

By Uju Oramah

My Name is

_____

Would you please teach me Igbo?
Thank you.

DIVINE CHILD

Your voices give us existence. Kindly support us by providing an honest review on Amazon. Scan this QR code or search for Uju Oramah to share your feedback. Thank you for your assistance!

Note: We plan to provide online courses derived from this book at affordable prices for all levels soon. Sign up at ujuoramah.com to receive notifications.

For additional Igbo language resources and free downloads, subscribe to ujuoramah.com

Also, check out the YouTube channel for free lessons: Uju Oramah: Igbo Language for Beginners

LEARN IGBO WITH PICTURES

Keywords and Phrases for Daily Life

By Uju Oramah

DEDICATION

To my sister, Mrs. Ngozi Ejimonu,
for all your love and care

Learn Igbo with Pictures: Key Words and Phrases for Daily Life
(My First Igbo & English Words- A Colorful Guide) By Uju Oramah

DivineChild Publishers, Antioch, Tennessee.
Copyright @ 2025
ISBN: 978-1-966820-02-4
Library of Congress Control Number:
For Donations, bulk purchases, copies & other great titles, please visit ujuoramah.com. Or email: divinechildpublishers@gmail.com

Also, get Copies at
Amazon
divinechildpublishers.com
ujuoramah.com

🎉 **Enjoy free Igbo lessons and resources on the Uju Oramah YouTube Igbo Language page!**

Agụụ
Hunger

GREETINGS & PHRASES

Ndewo
Hello

Nnọọ
Welcome

Ụtụtụ ọma / Ị bola chi?
Good morning

Kachifo
Good night

GREETINGS & PHRASES

Ka ọ dị / Ka e mesịa
Bye Bye

Biko
Please

Bia
Come

Jisike
Well done / Keep it up

GREETINGS & PHRASES

Kwụsị
Stop

Kedụ? / Kedu ka ị mere?
How / How are you?

Ole / Ego ole?
How many / How much?

Gịnị / Kedụ
What?

GREETINGS & PHRASES

Ebee?
Where?

Nye m
Give me

Weta ya
Bring it

Mụ
Me

GREETINGS & PHRASES

Anyị
We / Us

Naanị
Only

Ha niile / Ha Dum
All of them

Akwụkwọ
Book

FAMILY MEMBERS

Nna
Father

Nne
Mother

Nwanne
Sibling

Nwanne m nwanyị
My sister

FAMILY MEMBERS

Nwanne m nwoke
My brother

Nna m ochie
My grandfather

Nne m ochie
My grandmother

Nwa
Child / Baby / Offspring

FAMILY MEMBERS

Nwa m nwoke
My son

Nwa m nwanyị
My daughter

Nwunye
Wife

Di
Husband

FAMILY MEMBERS

Ụmụaka
Children

Ezinaụlọ
Family

OCCUPATIONS

Onye nkuzi
Teacher

Onye uweoji
Police officer

OCCUPATIONS

Onye ọkụazụ
Fisherman

Onye Ote nkwụ
Palm wine tapper

(Onye) Ọgba mgba
Wrestler

Onye Ọkaikpe
Judge

OCCUPATIONS

Nwa akwụkwọ
Pupil / Student

Ụkọchukwu
Priest

Dibịa ọdịnaala
Native doctor

Dọkịta / Dibịa bekee
Doctor

OCCUPATIONS

Onye nche
Watchman

(Onye) Ọkwọ ụgbọ ala
Driver

Ekwentị
Phone (any type)

Oji
Black / Dark complexion

OCCUPATIONS

Ọcha

White / Light complexion

Obere

Small

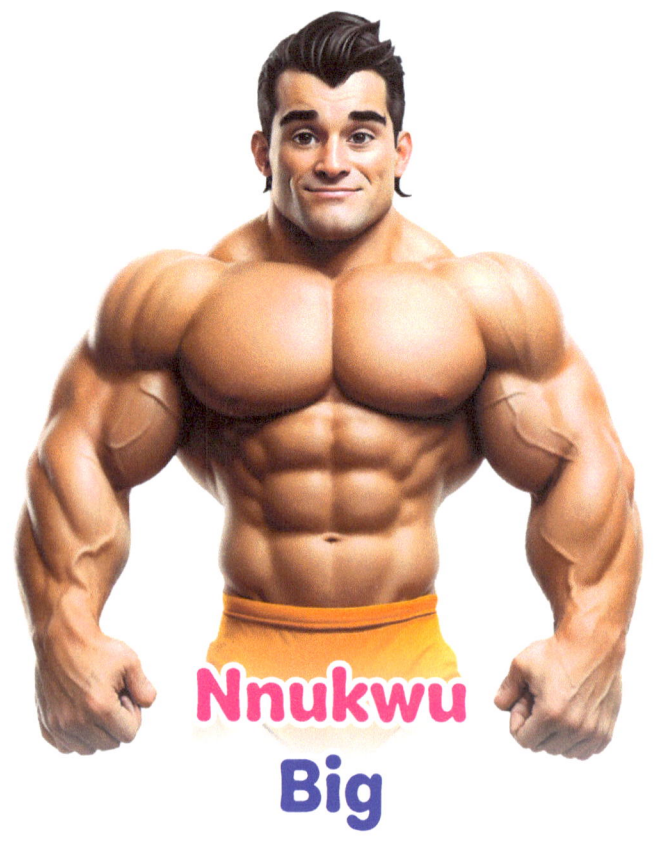

Nnukwu

Big

Ụlọakwụkwọ

School

OCCUPATIONS

Ụlọọgwụ
Hospital

Okpu
Hat

Akpa
Bag

Oche
Chair

TIME AND PLACE

Oge
Time

Taa
Today

Ụnyaahụ
Yesterday

Echi
Tomorrow

TIME AND PLACE

Ebe a
Here

Ebe ahụ
There

HEALTH & BEHAVIOR

Udo
Peace

Afọ ojuju
Satisfaction

HEALTH & BEHAVIOR

Agụụ
Hunger

Ume ngwu
Laziness

Ike ọrụ
Hardworking

Mkpọtụ
Noise

HEALTH & BEHAVIOR

Ike ogwugwu
Tiredness

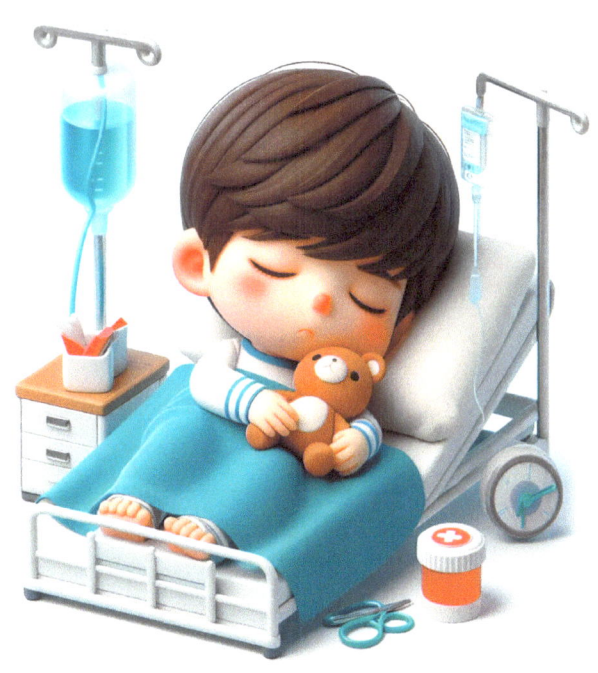

Ọrịa / Nrịanrịa
Sick / Sickness

Ahụike
Healthy

Mba
Scold / Shout at

Agwa / Omume
Behavior / Character

CELEBRATIONS

Agbamakwụkwọ
Wedding

Alụmdi na nwunye
Marriage

Oriri na ọñụñụ
Celebration

Ọchị
Laughter

EMOTIONS AND STATES

Oyi
Cold

Ekpomọkụ / Na-ekpo ọkụ
Hot

Añụrị
Joy / Happiness

Iwe
Anger

EMOTIONS AND STATES

Ịhụnaanya
Love

Ihere
Shame / Shyness

Anyaụfụ
Envy

Ekworo
Jealousy

EMOTIONS AND STATES

Anyaukwu
Greed

Anya ụra
Sleepy

Ụra
Sleep

Ebere
Pity / Mercy

EMOTIONS AND STATES

Mmeri
Win

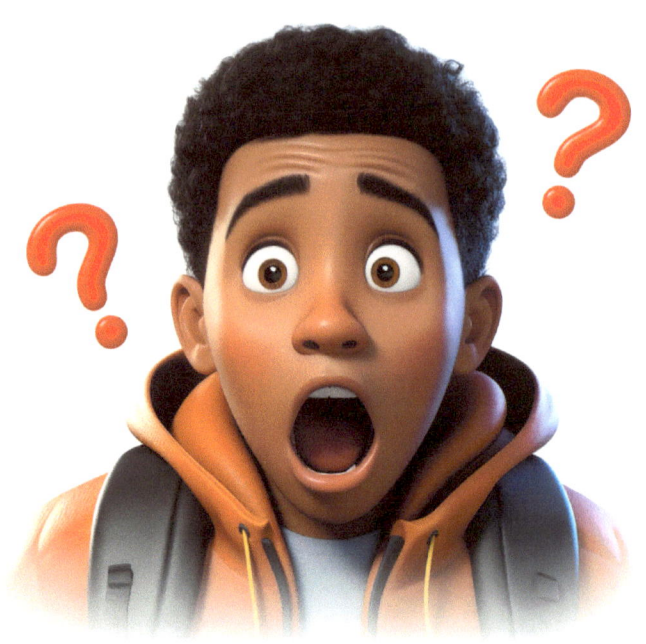

Mgbagwoju anya
Confusion

Nganga
Pride

Amamihe
Wisdom

EMOTIONS AND STATES

Umeala
Humble / Down to earth

Egwu
Fear / Terrible

Ịkpọasị
Hatred

Ọgụ
Fight

EMOTIONS AND STATES

Agha
War

Akụ
Wealth

Agamnihu | Prosperity

FOOD AND OBJECTS

Nri
Food

Mmiri
Water

Akwa
Egg

Mkpụrụ osisi
Fruit

FOOD AND OBJECTS

Akwụkwọ nri
Vegetable

Ji
Yam

Agwa
Beans

Mkpụrụ akwụ
Palm fruit

FOOD AND OBJECTS

Anụ
Meat / Animal

Efere
Plate

**Agidi | Solid corn pudding
(very common in Nigeria)**

FOOD AND OBJECTS

Ngaji
Spoon

Iko
Cup

Mma
Knife

Ite
Pot

ANIMALS

Nshịkọ
Crab

Añụ
Bee / Wasp

Ijiji
Fly

Ụchịcha
Cockroach

ANIMALS

Ụsụ
Bat

Nnụnụ
Bird

Udele | Vulture

QUESTIONS AND ANSWERES

Chibuike

DevineChild Igbo questions

1. Pick two examples of greetings in Igbo:
a) Ndewo
b) Nnọọ
c) Bịa
d) Kwụsị

2. The word "Gịnị" means:
a) Come
b) Go
c) What

3. "Kwụsị" means:
a) Stop
b) Life
c) Man

4. "Father" in Igbo is:
a) Nne
b) Nna
c) Nwanne m

5. "Mother" in Igbo is:
a) Nne
b) Nna
c) Nwanne m

6. "My Sibling" in Igbo is:
a) Nne
b) Nna
c) Nwanne m

DevineChild Igbo questions

Match the following English words with their Igbo equivalents:

(Choose from: Onye nche, Ukochukwu, Ezinaulo)

7. Family _____

8. Priest _____

9. Watchman _____

Match the following Igbo words with their English equivalents:

(Choose from: Phone, Big, School, Yesterday, Hunger, Book)

10. Akwukwo _____

11. Ekwenti _____

12. Nnukwu _____

13. Uloakwukwo _____

14. Unyaahu _____

15. Aguu _____

DevineChild Igbo questions

16. What is "cold" in Igbo?

    a) Aguu

    b) School

    c) Oyi

17. "Happiness" in Igbo is:

    a) Ihere

    b) Añụrị

    c) Ekworo

Choose the correct meaning for the following Igbo words:

(Choose from: Anger, Dog, Healthy, Cup, Egg, Pride, Knife, Vulture)

18. Ahụike _____

19. Iwe _____

20. Nganga _____

21. Akwa _____

22. Iko _____

23. Mma _____

24. Udele _____

25. Nkịta _____

DevineChild Igbo Answers

1.
a) Ndewo
b) Nnọọ
2.
c) What
3.
a) Stop
4.
b) Nna
5.
a) Nne
6.
b) Nwanne m
7. Ezinaụlọ
8. Ụkọchukwu
9. Onye nche
10. Book
11. Phone
12. Big
13. School
14. Yesterday
15. Hunger
16. Oyi
17. Añụrị

18. Healthy
19. Anger
20. Pride
21. Egg
22. Cup
23. Knife
24. Vulture
25. Dog

Thank you for Your Support ♥

🎉 **Enjoy free Igbo lessons and resources on the Uju Oramah YouTube Igbo Language page!**

👉 We'd love to hear your thoughts! Share your reviews on Amazon, Facebook, Twitter, and Goodreads.

Need help writing or publishing your book? We can assist you—no prior experience needed! Visit divinechildpublishers.com or email us at divinechildpublishers@gmail.com.
For hard copies, bulk orders, new releases, and updates, email

💼 divinechildpublishers@gmail.com.
or visit:
👉 divinechildpublishers.com
👉 ujuoramah.com

For author interviews, speaking engagements, or more information, email us at:
💼 divinechildpublishers@gmail.com.

DISCOVER DEEPER FAITH AND IGBO LANGUAGE MASTERY WITH UJU ORAMAH ✝

As a dedicated Christian author, Uju crafts books and blogs that deepen your connection with God. Master the Igbo language with her comprehensive guides, and be uplifted by her inspiring storybooks. Discover a transformative way to experience God's presence today!

Christian Books

Children's Story Book

Audio Books

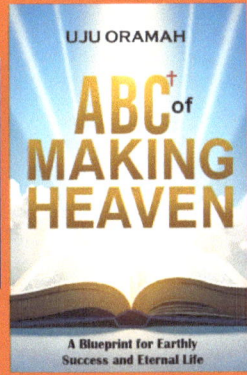
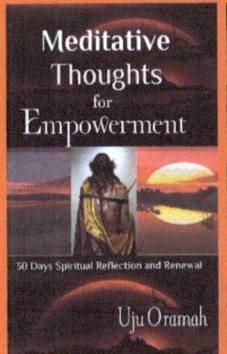
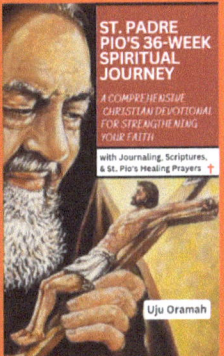
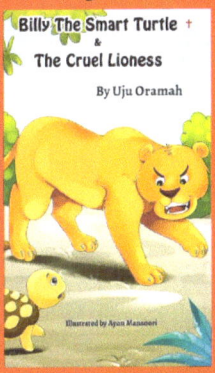

Music Mp4

Igbo Language

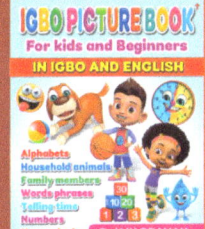

Poems

Laminated Posters in English & Igbo. Size-16.5x23 inches

Uju Oramah